羅美華 著

越占卜越療癒
HEALING DIVINATION

目 錄

前言 用占星骰子打開占卜的神祕世界　　6

什麼是占星骰子　　8
什麼是占卜　　9
為什麼要使用占星骰子　　12
可以占卜什麼　　15
占卜的重要原則　　17
如何使用占星骰子占卜　　20

◆擲骰子小儀式　　22
　懂得發問　　24
　萬用問題　　27
　和宇宙溝通　　30

Contents

關於占卜結果的解讀 　34

用直覺與感應來解讀 　36

解讀占卜結果的建議步驟 　42

基本解讀方法 　44

基本的占卜解讀範例 　46

範例 1：使用 3 顆骰子　46

範例 2：也可以選擇使用兩顆骰子　47

範例 3：使用 3 顆骰子　48

範例 4：使用 3 顆骰子　49

範例 5：使用 3 顆骰子　50

面對未知	52
占星符號的關鍵字	55
◆行星骰	56
◆星座骰	68
◆宮位骰	80

力量不要交給別人	92
不理想的結果怎麼辦	96
強化直覺力	99
什麼是「準」	102
自己是管道	105
幫助占星骰子占卜的小工具	107
搭配星圖一起工作	108

共時性的更多應用	109
占卜的問題範例	110
占星骰子還可以這樣用	120
使用兩副以上的骰子	122
與骰子心靈對話	123
空白占卜	124
占星骰子的選擇	126
骰子的保養	128
骰子的淨化小儀式	130
越占卜,越療癒	134
後記 占卜本身就是一種魔法	136
附錄 占星骰子占卜紀錄表	140

 前言

用占星骰子打開占卜的神祕世界

占卜很難嗎?你以為占卜只是娛樂消遣的小把戲嗎?你以為自己與占卜的距離很遙遠嗎?

其實不然。

在古代,占卜是一件很神聖的事。可以說是人類文明中很重要的一項發明。因為有了占卜,我們才可以開始明白,一切我們本來所不知道的事情。

儘管占卜充滿神祕的色彩,但是「知道」是多麼重要的一件事。因為我們都有經驗,一無所知的時候,我們會是多麼茫然、不安、慌亂、無助。

所以我們不只是可以從書本、網路、媒體、身邊的人事物等尋常管道來「知道」。但是當我們遇到超越物質世界的事,

就要用不一樣的方法來「知道」。

在這裡，我們要開始透過占星骰子，來打開占卜的神祕世界，讓每個人運用占星骰子這樣簡單方便的工具與方法，就能很聰明地讓自己知道的範圍擴大，得到自己需要知道而且可以知道的事，特別是對自己有用的訊息。這種感覺特別讓人安心滿足。

只要懂得要領，占星骰子就能為我們打開占卜神祕而迷人世界。

那就準備好你的占星骰子，我們一起開始這趟既有趣、又療癒的探索吧。

什麼是占星骰子?

占星骰子其實是利用骰子占卜以及占星學的基本原理來作占卜的一種新興的靈性工具。

標準的一副占星骰子是由三顆十二面體的骰子所組成,它們的表面各自刻著行星符號、星座符號,以及數字。它們分別代表占星學中的行星、星座與宮位,就這樣用來做占卜。

骰子平常比較被人們當作很熟悉的娛樂工具。但是事實上,只要懂得基本的知識,這副占星骰子,就可以搖身一變成為很有用的占卜工具,帶來可靠而且不可思議的幫助。

什麼是占卜

占卜就是人們自古以來,用來連結未知,發現與看穿隱藏的訊息,以幫助我們眼前狀況的聰明方法。因為人類總是對於未來或未知好奇或是擔憂,很想一窺究竟,好做一些準備,或是解決一些狀況,讓自己或他人更好過。

不過占卜可以分成兩種。

一種是直接從眼前隨機遇到的任何現象、任何自然得到的景象畫面,來解讀得到所需要的訊息。我們稱之為「占」。包括占星、占夢、手相占卜等等。像是直接由大自然取得或是由大靈來主導我們用來占卜的原始資料,我們只負責解讀。

另一種是「卜」。是主動透過工具與方法,來隨機抽樣來模擬自然顯現的狀態,然後根據展示出來的結果,從中得到

所需要的訊息。例如牌卡占卜、水晶占卜、香氣抓周、咖啡渣占卜、靈擺,以及我們這本書要介紹的骰子占卜。

所以,利用占星骰子來占卜,可以說是我們主動向宇宙或大自然或是更高層次的聖靈連結與溝通,很虔誠有禮地虛心求教。

既然是虛心求教,就代表這裡我們不是用一般傳統的宿命論的角度來看待占卜,而是請求善良慈悲、充滿愛的宇宙神靈,來提供我們當下需要知道的、可以真正幫助我們的訊息。

是的,在此我們是這樣來定義並且來操作占星骰子的占卜的。

通常,傳統的宿命論傾向認為,占卜的結果就等於實際上的結局。然而其實不一定必然是如此。從占卜儀式中得到的訊息,到最終實際的結果之間,當中其實有很多變數,而且必須要看我們原本在占卜之前所預設的條件、提出的問題以

及意圖。

意思就是說,當我們預設自己利用占星骰子來占卜,是為了得到我們此時此刻必要的重要訊息,那麼就不需要把最終擲出骰子得到的結果,當作是必然發生的最後結局。

就像這樣,在這裡我們把占卜看作是為了幫助我們得到更多有益有效的訊息,幫助我們的生命與生活過得更好的小幫手。或者也可以說是宇宙與我們溝通的媒介。

至於要如何發問,如何解讀,就讓我們繼續看下去囉。

為什麼要使用占星骰子?

因為我們很喜歡占星學,比較容易聽懂占星學的訊息;或是很受占星學的吸引,看到占星符號會特別想知道它們想表達什麼。

而且占星骰子使用起來好方便。回答問題可以深入淺出;可以很務實,也可以很空靈,而且可大可小,小到幫我們決定午餐吃什麼,大到決定要不要接受新的工作,夢裡的訊息在講什麼。就和占星學的本質一樣。但是占星骰子很難嗎?沒有。占卜起來非常簡單。有了它,等於有一套可靠的工具來給我們一些日常生活上需要的指引。可以作為好夥伴。

更棒的地方是,用它來占卜,其實會發現,它很療癒。

所以其實不要小看這三顆骰子。厲害的話,樸實無華的平凡日常的工具也可以讀出宇宙訊息。因為**魔法無所不在**。

這也是為何,占卜應該很療癒。此外,占星骰子的優勢是,使用起來可以比較自由自在,沒有傳統的包袱,可以用開放的眼光來使用它。只要懂基本原則,要很快開始上手不會太難。

儘管占星骰子可以自由自在地使用,沒有必要強加套用的其他占卜方法,但是有些重要的原則我們還是必須知道。

這些原則都是來協助我們更加能夠透過骰子得到需要的答案,或更順利解讀出重要的訊息,或者作出利人利己的選擇。

占星骰子本身並沒有真正的禁忌。很多禁忌本質上都是人的發明,而強加於人。所以在不違背重要原則的前提下,只要能運用得得心應手,結果讓你覺得可靠,那就是對你而言好的方法,好的幫助。

另外還有一個我想要強調的重點是,占卜是很個人的事。最終我們每個人都得為自己的行動、自己的選擇、自己的意

識負責。也就是說，最後決定要如何理解、如何解讀、選擇採取什麼行動的人是自己而不是骰子。意思是我並不鼓勵把骰子或占卜的結果當作權威。

所以我才說，骰子我們是合作愉快的小夥伴與小幫手。

可以占卜什麼

前面有提到,因為我們施作占卜的預設前提是請求得到有益的訊息,所以我們可以用來占卜的範圍非常廣泛,好像有了隨身顧問一樣。

最基本的是,從每天的建議,或是在生活、工作或關係上,遇到任何狀況時,都可以請求建議與協助。

或者當臨時需要做選擇做決定,猶豫不決時,也可以透過擲骰子來幫忙釐清選擇。

不過,最重要的,是別忘了我們所使用的占星骰子,運用的是宇宙的符號,因此,能幫我們連結的訊息能量,不只是日常生活的層次,即使是大到生命的中重要而深刻的主題,只要懂得運用適當的發問與解讀技巧。也都能從占星骰子中得到很多線索或靈感。

這就是使用占星骰子最大的優勢。

而且更棒的是,如果您對占星學的認識與理解越深,就越是可以發揮自己的靈感與創意,把占星骰子的占卜運用到淋漓盡致。

讓我們繼續往下看吧。

占卜的重要原則

在正式占卜之前,為了當一個稱職的占卜者,有一些重要的原則必須注意。

第一、占卜時,平常心很重要。

當然因為我們很多時候,正是因為關心則亂,所以不容易做到平常心。

但若靜心想想,我們做占卜是為了得到目前還未知或沒有留意到的訊息,所以就算是問關於未來的事情,也是指可能的未來,而不直接等於是命中注定一定如何。

更進一步來說,你要讓自己抽離,不要讓自己的期待與想法來涉入干擾,無論那些思緒是正面或負面的。這樣才能成為純淨的媒介管道。

所以千萬避免在心懷恐懼充滿焦慮時占卜。因為這種時候，恐懼的頻率會透過您的手而影響到擲出的結果。萬一當下內心感到恐懼焦慮，患得患失難以平靜，或是狀態低落，無論是不是與占卜的主題有關，都建議先回歸平靜，否則在此之前都先不要做占卜。實際上，讓自己先回歸平靜對於任何狀況，反而都是最好的幫助。

第二、占卜需要得到正式允許。就算是自己的事，也要靜下心來詢問自己的心，到底此刻很想要的事能不能問。因為很多時候，自己頭腦胡思亂想的事並不相干或不重要，其實不需要問。只要仔細聆聽，您的心會告訴您答案。至於別人的事，那就更加不關自己的事。除非有取得當事人（無論是單一人士或團體）正式明確的允許，才可以為他人占卜。這是重要的界線原則。

第三、占卜不應該拿來窺探隱私。就算獲得當事人正式允許占卜的情況下，都應秉持道德原則，己所不欲勿施於人，尤其不要私自透過占卜來詢問他人的隱私。占卜是有神聖的

力量的，所以要用占卜來做神聖的事，而不要濫用任何力量。要為自己的行為絕對負責。

第四、不要迷信，把力量交出去。就算出現自己不偏好或看起來似乎真的不太美妙的占卜結果，也要知道，這只是其中一個可能性。而我們有能力、也有意願為自己做好的選擇，並且為自己所做的事負責，盡量做到最好。

如何使用占星骰子占卜

首先當然是為自己準備好一副占星骰子。

現在市面上可以看到的占星骰子大致上可分為三種,水晶材質、樹脂材質,以及手機或網站的占星骰子 app 應用程式。

如果從占卜的效果來說,這三種形式的占星骰子都能做占卜。無論是虛擬或實際骰子,占卜流程與解讀方法原理也都大同小異。差別或許僅僅在於占卜者個人的主觀感受與偏好,所以可以憑自己的喜好或方便性選擇使用。

進行占卜其實是一場儀式,所以接下來就是營造出一個適合的環境來進行這個儀式。通常我們要選擇的是不會被干擾,可以身心靈可以平靜下來的環境。

接下來我們就可以來準備做擲骰子占卜這件事。占卜過程

的每個環節與方式其實可以很隨心所欲很彈性自由。最大的原則就是不要做任何破壞好感或不喜歡的事。不過在一開始如果沒有什麼頭緒,不妨採用以下的步驟,來進行占星骰子占卜的小儀式。

從拿起骰子,閉上眼睛凝神專注的那一刻起,你就開啟了和宇宙之間、神聖的交流對話空間。

擲骰子小儀式

準備自己,靜下心來
摒除雜念,專注並放鬆。

調頻:
1. 與自己內心連結,感受自己。
2. 確認好自己真心想發問的問題。此時可以先把想好的問題寫下來。

把骰子放在手中,靜心與骰子連結。如果你喜歡,也可以請求或呼叫你熟悉的指導靈來幫忙,或以一場祈禱來開始。

(Ps. 可以如圖合掌把骰子全部放在掌心裡,或是先收藏在袋子裡再用手握著袋子。)

4

感覺對了就稍微晃動兩手中骰子，然後輕輕擲出一次擲出。

或是在手心裡搓揉滾動骰子，然後再把三顆骰子搜集到一隻手中，再直接反手把骰子放置在桌上。若是放在袋子裡，則可以把骰子一個一個慢慢從袋子中取出放好。

5

觀察擲出的結果，靜心感受骰子的訊息，捕捉靈感做解讀。

6

做紀錄（筆記或拍照）

並且記下重要的訊息與當下的靈感。

7

收拾好骰子。表達感謝。禮成。

（Ps. 方便且有需要時可以趁機做骰子淨化。）

懂得發問

無論是任何形式的占卜,發問這個步驟都至關重要。因為要把問題問對,才會有對的答案。

所以很多時候我們有了某個狀況讓我們想做占卜,可是卻花了很多時間,在釐清到底是什麼問題。甚至真的有問題嗎?

久了我們也會發現,在擬定真正想發問的問題是什麼的過程中,我們也已經釐清了狀況,甚至很多時候也就不用再做占卜了。這是很常見的。而且,這是好事!

正是因為發出的問題會關乎得到什麼答案,所以很多時候得到的答案不對勁,解不出來,其實是要回去檢視問題,甚至檢視動機。

而若是能問對問題,答案就距離不遠了,簡直呼之欲出。

此外,運用骰子來占卜時,有一個原則是,我們是在透過占卜來請求提出建議或有益的訊息。

換句話說,我們不是只想得到肯定或否定的答案而已。

所以原則上,問題越單純直接越好。但是實際上,當有狀況發生,而我們想占卜的時候,我們往往會一時之間不曉得要如何發問。

這個時候有些小技巧可以幫助我們。

第一個是在正式為眼前的狀況做占卜前,先擲骰子請問:「我現在是什麼狀態?」無論出現的結果是什麼,假設你判斷自己的狀況不是對的或不適合做占卜,那不如先先去休息、靜心,暫停一下,而不要立刻接著做占卜。

第二個小技巧，是在占卜前把你想發問的問題先寫下來，確認這是自己要問的問題。如果問題很複雜，通常在寫下問題的過程中，我們就能逐漸釐清真正的問題。我們也可以趁機探索內心真正的意圖。

第三個小技巧，是先確定自己真正想要的是什麼，然後請骰子提供建議。也就是說，如果是關於關係，與其問「與對方會不會和好？」不如改問「要怎麼做才會和好」。如果是關於旅行，與其問「要不要去旅行」，不如問「去某某地方旅行會如何」。

所以，與其冒然提出問題就占卜，而得到一個自己也看不明白的結果，倒不如先忽略這次結果，再重新擬一個更恰當的新問題來占卜。這樣做，骰子一定會有更明確的回應的。

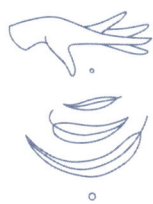

萬 用 問 題

萬一真的不知道該問什麼問題,可是對於某個狀況又很想要建議協助,那麼有一個萬用的問題可以拿來發問,就是問:

「關於……(某件事、某個狀況),我需要知道什麼訊息?」

然後就可以擲出您的骰子了。

這樣發問的用意,其實也意味著,我們心裡明白,不需要知道一切細節,只需要知道當下該知道的事或是該做什麼就好了。

「只需要做對的下一步驟就夠了。」為什麼呢?因為在做出行動之前,一切都還是未知,充滿變數。其實是非常大的智慧。

換句話說，根據靈性的原理，最對的選擇都是要到了當下才能做出來，因為選擇走對每一步的當下，能量就會隨之改變，因而必須再次去敏銳地覺察，來做好下一步的選擇。而只要我們能持續不斷重複在每個當下做出最好的選擇，自然而然就會走到最對的結果，因此不見得需要事先就看到整個的過程結果，知道全局。

所以這時只要請骰子幫忙，讓我們知道每個當下做對事、選對選擇就好了。宇宙儘管有各種緣分在每個瞬間生生滅滅，但是不屬於我們的命定道路的事物或選擇，根本不需要知道。所以這些不需要知道的其他事情，就不用去費神擔心。這樣不是比較輕鬆無負擔嗎？

我們也不可能一次解決所有問題。甚至眼前我們以為的問題，可能其實根本也不關我們的事。

有的時候，到頭來，我們可能還需要回過頭來問自己：「我為什麼要問這個問題？」

如果不是真的需要知道，不是真的需要發問，那不如選擇信任宇宙就好囉。

　　信任宇宙代表接受一切都是最好的安排。所以可以完全交付給宇宙。在靈性的層次，這種內心狀態其實是很大的祝福。

　　所以說，這是大智慧。

和宇宙溝通

此外,關於占卜,還有一個前提或原理必須明白,那就是既然占卜是連結宇宙,或是連結神靈、高靈來提供有用的線索或答案,那麼通常神靈一定會使用我們能懂的方式來與我們溝通,而不會刻意刁難。否則就溝通不成了。

換句話說,關於溝通,很多時候,訊息不用多不用複雜,精確簡短的訊息反而很清晰易懂。

例如就像您平常講的是中文,除非有特殊用意,否則神靈就會優先用您懂的語言來溝通,讓您可以方便明白訊息的意思。而這裡我們用的是占星的語言,占星的資料庫。

無論您是才剛剛開始接觸占星學,還是占星專家,都沒關係。資料庫可以隨時開始建立,經驗也可以隨時開始練習累積。

此外，還有一點要提醒的是，占星學是宇宙的語言，占星學用的符號也是宇宙的，意思是有一種普世性，理論上可以用來解釋範圍非常寬泛，也非常開放，可以涵蓋宇宙的萬事萬物，而且超越時間與空間。

聽起來是不是很厲害呢？

而且我們這裡用來解讀占卜結果的方法，與占星學解讀星圖時的方法是相同的。所以久而久之，喜愛占星的你，一定會發現越是使用占星骰子，占星學的星圖解讀功力與領悟力也會無形中增加。真是一舉數得呢。

超越物理邏輯不代表就是錯的或無用無意義的。

只要存在,本身就有意義。
而且耐人尋味。

無論存在過多久。

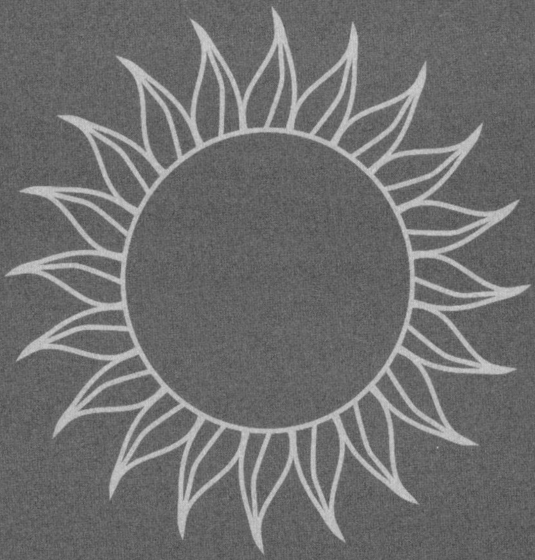

關於占卜結果的解讀

這裡所謂的解讀,其實是將不同的資訊整合起來的功夫。也就是說,我們要把骰子們擲出來的符號各自所代表的意義串連起來,組織成為一個有意義的訊息組合。至於這些意義要怎麼串連組合,那就是由解讀者自己來決定了。

在解讀占卜結果的時候,我們主要是將從每個人自己當下現成擁有的占星學資料庫,來提取我們解讀所需要的資訊,再來整合解讀。

但是實際上,這所謂的占星學資料庫,就與每個人的實力有關了。實力包括占卜者自己原本的占星學素養,也可以是手邊可以取得的參考資料,包括占星學的參考書、被占卜者的星圖等等有形或無形的占星學資源。

這些資料庫,是靠學習以及生命經驗收集而來。所以當我

們擁有一定程度的占星學的知識與經驗，其實很自然就會開始自動汲取資訊出來整合解讀了。

那麼如果是初學者，沒有什麼占星學的知識，也不懂解讀星圖，或是一時沒有任何靈感的時候，又該如何呢？

不用擔心，只要利用本書接下來整理出來的占星學關鍵字，也照樣可以輕鬆解讀。萬一當下還是解讀不出來怎麼辦？這時候不需要強迫立即得到答案。建議可以先把結果記錄下來，隔一段時間再回來看，也許就會有靈感。

當然會有一種可能性是天機不可洩漏，關於你的提問，宇宙沒有打算透露答案。通常這種時候會出現風馬牛不相干的占卜結果，即使占卜的每個步驟都沒有問題。這時候我們就應該給予尊重。也或者在等待解答的期間，事情就有了轉機或自動揭露了結果，那麼也不再需要解讀了。因為情境與能量已改變，不用再在意或執著。

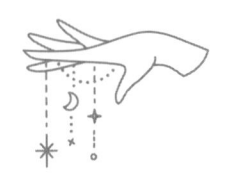

用直覺與感應來解讀

關於解讀,最後要說的是,占卜的解讀其實主要是靠內在的直覺或靈魂的感應,很憑感覺。

乍聽之下,運用與相信感覺彷彿很不科學,但是實際上靈性本來就超越日常邏輯理性的範圍,而這不一定等於是謬誤或無意義的,只是超過我們目前可以理解的範圍。

占卜本身就是一件要讓我們可以超越日常的意識與現有時間軸的範圍,來主動積極參與生命的行為。

而且占卜的目的正是要連結超越物質世界的靈性的層次來探索未知,否則我們就靠頭腦自己推理就好啦,不是嗎?想占卜的時候,通常代表我們需要超越這個時空框架以外的線索。既然如此,這個範圍的訊息就只能用非日常頭腦心智、超越理性邏輯的方式來捕捉,那就是透過直覺與感覺。

要如何打開直覺與感應力呢?其實就是要向內詢問以及聆聽自己的內在聲音。

所以當擲出骰子之後,不妨向內去連結自己的內在,然後問問自己一下這些問題:

「我此刻感覺到了什麼?」
「這個占卜結果是在說什麼?」
「我還聯想到什麼?」
「還有接收到什麼訊息進來?」
「如果這個結果是個祝福,我覺得會是什麼祝福?」

很多時候,當骰子擲出,我們看到結果的同時,也幾乎會同時有感受浮現。這時候浮現的感覺非常關鍵,可以作為這次占卜結果的基調,是重要的參考依據,可以依據這個感覺來做解讀。

而且有時我們靈光乍現的感覺,會與占卜結果同步一致顯

現而互相印證。這可是非常強烈的訊息。

到此為止,如果您已經覺得自己得到滿意或需要的答案了,那麼就此結束這一回合的占卜,也是可以的。因為真正的意義是指「對當事人您而言有意義」的訊息。所以當擲出骰子得到結果之後,不妨向內去連結自己的內在,然後問問自己以下這些問題:

「我此刻感覺到了什麼?」
「這個占卜結果是在說什麼?」
「我還聯想到什麼?」
「還有接收到什麼訊息進來?」
「如果這個結果是個祝福,我覺得會是關於什麼的祝福?」

如果您覺得自己還沒有感到滿意,還需要參考用的提示來解讀,或是需要多一點細節,那麼您可以拿出其他資料,例如本書第 56~91 頁的關鍵字來參考,進行繼續解讀。

當我們瀏覽過當下所取得的全部已知訊息,無論是骰子上出現的符號,或是參照而來的關鍵字訊息,或是相關的星圖,以及自己理性頭腦知道的資訊之後,我們必須再度回到我們的內在,去問自己的內心:「所以,這些訊息在告訴我什麼?到底是什麼意思?」

然後靜靜地聆聽來自內在的答案浮現。

這個過程通常不會超過 5 分鐘,甚至更快得多。如果內心夠寧靜的話。直覺的運作通常是以秒計算的,就在電光石火的一瞬間,您會知道。

我們往往一時間無法解釋到底為什麼最後會得出這個結論。不過真正的直覺與感覺通常都會很準,而且是自己運用左腦想不到或想不出來的。當直覺力真正進入狀況的時候,您就是「知道」。

這就是高等心智在運作的方式與結果。如果平常不習慣是

很正常的，因為這是一種需要訓練的才能。真正的巫、薩滿與靈媒，他們平常訓練有素，這個能力會更加強大。

所以其實關於解讀占卜結果，還有一種比較特殊的狀況，是有些感應力比較強的人，就算看不懂或是不看任何符號，只要進入對的狀態，骰子拿在手上聚焦注意力，就可以開始接收訊息了，特別是使用晶礦骰子的場合，水晶溝通就是這樣做的，這是使用水晶材質的骰子本來就有的好處。這樣也是可以的喔。

另一方面，在此也必須要提醒大家，訊息或參考資料並非越多越好。渴望更多訊息是來自於理性頭腦的念頭，通常這個時候就很容易離開了感應直覺的狀態。而且過多的訊息會模糊焦點，反而掩蓋了真相，更難解讀。所以需要拿捏平衡點。很多時候，真的毫無頭緒時，其實不應該再求取更多訊息了，反而應該先去放鬆休息，不要陷入執著。同時最終要根據自己的感覺來為解讀結果做最後的決斷。

占卜之所以最後成為命運，

是因為人相信那就是自己的命運。

解讀占卜結果的建議步驟

如果是剛開始練習,或是真的沒有頭緒的時候,不妨運用一下步驟來幫忙解讀結果吧。

1. 先感覺一下擲出骰子的結果。如果有什麼靈感直接出現,可以記錄下來。個人當下的直覺與靈感非常重要,非常有參考價值,可以當作占卜結果的基調。

2. 接下來再去參考關鍵字清單,用來獲得更多靈感,幫忙解讀。也將採用的關鍵字以及透過關鍵字得到的靈感記錄下來。

3. 將步驟 1. 與 2. 記錄下來的結果融會貫通,得到最後的結論。再把結論記錄下來。

記錄的過程中也很容易引發靈感訊息,這些訊息都可以是

有用的訊息,可以作為解讀的參考,提供更多細節。

　　有時候,占卜與解讀的整個過程會是透過當下直覺的指引,而非您平常的慣例來完成的。這時不妨也將過程記錄下來,因為從占卜到解讀的整體過程,其實也會是解答的一部分,而且還可以發展成自己獨特的占卜風格。

基本解讀方法

一組三個的占星骰子分別代表的行星、星座、宮位，正好就是占星學的三要素。解讀占卜結果的時候，其實原理與星圖的基礎解讀是一樣的，就是把三顆骰子各自所代表的意義組合起來。

每一個要素個別本身帶有的訊息量都很龐大，不過若是回到最基礎的解讀的話，它們基本上分別代表如下：

「行星」：主角，主題，或是作用力。

「星座」：特質。

「宮位」：地點、場合、領域、舞台。

明白這些原理之後，就可以參考書中列出的關鍵字（第 56

頁到第 91 頁）來練習做解讀了。

解讀的時候，要發揮想像力，把關鍵字串連起來，然後用自己的方式更貼切地表達形容成有意義的描述。這就是解讀了。

只要多練習，直覺會越來越敏銳，假以時日，解讀會因為熟練而變得越來越流暢，也會越來越準確。

基本的占卜解讀範例

以下僅為示範用,解讀僅供參考。

範例 1:使用 3 顆骰子

占卜問題:今天工作運如何?

占卜結果:土星、雙子、9

解讀範例:
可能會與年長的外國人聯絡來往交談。或是可能需要努力處理國外所事物。或是需要看很多國外的資料。

Q2

範例 2：也可以選擇使用兩顆骰子

占卜問題：今天的運勢如何？（使用星座骰與行星骰兩個骰子）

占卜結果：天王星、雙魚

解讀範例：
今天可能會發生意外的（天王星）巧合（雙魚）。或是今天特別容易突然（天王星）有靈感（雙魚），或需要大發慈悲（雙魚）。

或是今天容易有超展開（天王星）的狀況發生，要小心迷糊粗心大意（雙魚）。

範例 3：使用 3 顆骰子

占卜問題：請問伴侶關係上的建議

占卜結果：土星、天秤、5

解讀範例：
建議在相處玩樂時（5宮）重視（土星）關係的和諧與公平（天秤）。

範例 4：使用 3 顆骰子

占卜問題：請問要出門參加同學會嗎？

占卜結果：水星、巨蟹、6

解讀範例：
比較適合在家裡（巨蟹）工作（6宮）寫作讀書（水星）＝不要出門。

Q5

範例 5：使用 3 顆骰子

占卜問題：請問要出門參加同學會嗎？

占卜結果：水星、巨蟹、6

解讀範例：
乍看結果與問題不太直接相關。可以解讀成比較適合在家裡（巨蟹）工作（6宮）寫作讀書（水星），也就是建議不要出門。

即使是同一個占卜結果，不同的問題、不同的人、不同的情境狀態，就會有不同的解讀。這是很自然的。

專注在感受當下。
因為宇宙會將所有答案都展現在當下。
我們要做的,其實是用心去連結感受。
只需要靜心,就可以讓靈感直覺開始運作,
連結感應到重要的線索。
這個過程是很享受的。

所以好好享受吧!

面 對 未 知

人們想占卜,通常是好奇想知道過去或未來等等未知的事物。

未知通常有很多可能性;未來發生什麼我們其實無法真正得知,過去也沒有留下證據,都只能稍微窺探可能的樣貌。

所以我們試圖透過占卜來搜集多一點訊息。

但是同時也必須記得,占卜出來的結果,其實並不直接等於未知的實際樣貌,而是對於未知樣貌的一種概略性的描述。

畢竟無論是過去或未來,我們都看不見。未來甚至還不存在。

所以無論占卜出什麼樣的結果，都請先保持中立，不需要擔憂或懊悔，患得患失。

當然我們很有可能關心則亂，只是我們過度在意或擔心時，往往容易主觀地對占卜結果有正面或負面的感受，導致帶來額外的影響力。

意思是說，就算是好的占卜結果，也有可能因為我們過度積極執著，而產生失衡的能量，無意中影響到事情的自然發展。畢竟語言、思想、情緒或感受都是能量，都是有力量的。

這是為何我們在做包括解讀在內的整個占卜儀式時，都建議要處於靜心的狀態。這樣我們才能保持中立，而不會因為主觀喜好，對解讀有偏頗的影響。

保持中立也代表了一種開放與信任的態度。通常在這樣的狀態下，無論占卜結果看起來如何，最終都是好的結果。

因為您才是決定一切最終結果的主人。解讀其實也算是在編織結果,解讀星圖時也是一樣,無論是關於過去或是未來,透過保持中立的狀態來做解讀,也等於是您為自己選擇了更開放的結果。更開放、更自由就代表更有愛,這是我們都想要的。

況且用三顆骰子占卜時,一次就得到三個占星符號,解讀起來就會有很多變化,再加上靈活運用時,意義常常是多重的,不可能只有一種可能性。

占星符號的關鍵字

以下分別列出三顆占星骰子中,所有符號代表與象徵的關鍵事物。請依當下直覺感應,善用這些關鍵字來連結意義。

這些關鍵字目的是作為基本提示,或是提供靈感,同時界定符合的核心意義的範圍。並不直接相等於占卜結果,也不表示符號的意義僅止於此。

運用這些關鍵字來解讀時,請記住不要被字面限制住,更不要死背死記這些關鍵字。

要靈活解讀,最終還是取決於占卜者對符號與象徵的熟悉程度,以及靈感的發揮。

您也可以對下列每個占星元素,繼續補充專門屬於您自己的關鍵字。

行星骰

行星代表各種作用力。隱含著人物、事件、時間長度的訊息。

太陽

太陽代表個人的自我意識,自我,自我的核心特質與自我意志的表達。

太陽也是個人的生命力、獨特性、個體性。

同時也可以代表身邊的重要男性,例如父親、女子的配偶／丈夫、兒子、男孩,或是重要人物、明星、創作、作品、成就。

月亮

月亮代表內在情感與心理活動、心情、潛意識、防衛機制、直覺反應、私心、心電感應、記憶、習慣、情緒的安全感與親密感需求，滋養，居家飲食狀況與需求。
同時也可以代表身邊的重要女性，例如母親、女兒、女孩、男子的配偶/妻子、家庭、家人、親密的夥伴、室友、房子、照顧、陰晴不定、變動。

水星

水星代表心智活動、溝通交流、語言、聽說讀寫、傳訊使者、媒介、交易、代理,交通、快速、資訊、聰明才智、理性思維、理解詮釋、翻譯、傳播、文字語言、學習、構思、想法、智力。同時也可以代表兄弟姐妹、同學、學生、鄰居、司機、年輕人、交通工具、資訊設備。

金星

金星代表喜好、社交關係、價值觀、欣賞、愉悅、美感、心意、魅力、吸引力、心動、舒適、享樂、打扮、賺錢、購買、調停、協調、親切、取悅、妥協、接受、傾聽、互惠、分享、風格品味、選擇、價值、虛榮、貪婪、奢華、耽溺。金星也與內分泌、腎臟、新陳代謝有關。同時也可以代表姊妹、愛人、好朋友、禮物、金錢、恩典、關係、美好的事物、奢侈品、和平。

火星

火星代表活力、精力、行動力、熱情、慾望、野心、勇氣、冒險、生存、意志力、驅力、行為、競爭、攻擊、征服。火星也與火、運動、性、身體狀況、意外碰撞、受傷、生氣、衝動、野蠻、暴力、糾紛、衝突、敵對、消滅、防禦保護、犯罪、手術、肌肉、血液有關。火星也可以代表男人、軍人、工人、運動員、獵人、武器、戰爭。

木星

木星代表樂觀、幸運、援助、擴展、自由、冒險、成長、探索、旅行、豐盛、樂觀、信念、餘裕、目的、奢侈、浮誇。木星與高等教育、大學、出版、異國文化、海外、道德、法律、宗教、財富、旅程、空間、自由、願景、遠方有關。它也代表哲學家、教授老師、旅者、神職人員、傳道者、智者。

土星

土星代表傳統保守、認真、任務、壓力、悲觀、承諾、約定、負責、鞏固、限制、遲緩、單調、收斂、克制、定義、侷限、年老。也與時間、收穫成就、結果、架構、基礎、極限、疆界、制約、法規、階級、規範、老年、皮膚、骨骼、牙齒有關。土星也代表權威、老闆、主管、專家、長者、老人。

天王星

天王星代表變化、意外轉折、驚喜、刺激、怪異、突變、突發、打擊、前衛、原創、獨特、搞怪、覺醒、啟蒙、客觀、疏離、高科技、高等心智、體制外、另類、例外、超脫、優越、自由、解放、革命、排拒、疏離、脫軌、騷動、割除、混亂、流放、意外事件。天王星也代表覺者、科技人、發明家、叛逆者、革命家、社工、天才、怪才。

海王星

天王星代表慈悲、大愛、悲憫、同理心、寬恕、療癒、信仰、出世、無我、犧牲、昇華、神祕、謎團、合一、模糊、曖昧、潛伏、消融、救贖、敏感、夢想、幻想、奇幻、失落、嚮往、幻滅。也與迷幻、欺騙、上癮、受苦、逃避、迷惘、靈界、虛構、陰謀、超現實、幻境、夢境、電影、小說、藝術、攝影、潛意識、媒體、廣告、海洋、航海有關。海王星也代表大善人、犧牲者、受害者、弱勢者、救世主、造物源頭、藝術家、導演、詩人、攝影師。

冥王星

冥王星代表強大的力量、大權、大勢、大能、資源、潛能、操控、執著、生存的慾望、深層力量、深層心靈、集體與個人的陰影、轉化力、淨化、爆發、禁忌、毀壞、虐待、侵害、偏執、強迫、精神疾病、業力。也與核能、資源回收、深層心理學、集體影響力、生死輪迴、地下組織有關。冥王星也代表掌權者、操控者、企業家、鉅子、頭號人物、狠角色、強人、大老闆、大老、獨裁者。

南月交點

代表過去、舊緣分、熟悉的人事物、前世、靈魂的天賦本能、承襲、制約、執著、失去、付出。

北月交點

代表未來、新緣分、新的學習、靈魂的發展、方向、新的成長、演化、接受、獲得。

星 座 骰

作用力的特徵。隱含著數字、季節、元素、模式的訊息。

牡羊座

果決、衝動、熱情、求生、競爭、慾望、創始、啟動、新生、率直、勇氣、大膽、自我、好勝、一意孤行、天真

如果有其他對您有意義的關鍵字,也請寫下來。

_____

_____

_____

_____

金牛座

舒適、優雅、平靜、舒服、安穩、維持、享受、感知、優質、毅力、固執、踏實、耐性、可靠、簡樸、保守、慵懶

雙子座

機靈、敏銳、聰明、靈活、健談、新奇、變動、善變、輕浮、三心兩意、矛盾、好玩、博雜、雙重性、多樣化

如果有其他對您有意義的關鍵字,也請寫下來。

巨蟹座

敏感、內向、柔弱、關懷、溫柔、體貼、懷舊、在乎、善解、親密、保護、防衛、母性、顧家、情緒化

如果有其他對您有意義的關鍵字,也請寫下來。

獅子座

熱忱、自信、自尊、大方、大氣、自信、風範、魅力、亮眼、高尚、驕傲、自豪、忠誠、溫暖、寬大、戲劇化、浮誇

處女座

純潔、仔細、謹慎、乖巧、效率、精緻、挑剔、整齊、規矩、健康、謙虛、節制、低調、刻苦、自律、服務性、批判性

天秤座

公正性、和諧、優美、平衡性、折衷、妥協、和平、知性、文雅、公義、公平、正確性、洗鍊、分寸、互動性、猶豫、糾結

如果有其他對您有意義的關鍵字,也請寫下來。

_____

_____

_____

_____

天蠍座

熱烈、極端、偏執、深沈、防衛、獨佔、忠誠、情義、威脅性、掌控性、隱密、警覺性、犀利、直覺、激情、投入、頑強

人馬座

自由、開闊、廣泛、隨性、徘徊、拓展、探索、信心、快活、不拘、大意、過度、正直、遠大、誇張、粗率、理想型、世界性、異國情調

_____

_____

_____

_____

摩羯座

克制、負責、堅毅、約束、謹慎、成熟、踏實、自律、原則、嚴格、嚴肅、壓抑、敬重、權威性、現實、悲觀、保守、傳統、野心

寶瓶座

友善、前瞻性、解放、平等、人道、博愛、客觀、進步、率真、獨立、自主、冷漠、疏離、顛覆、非典型、非正統、非常軌、我行我素、不近人情

如果有其他對您有意義的關鍵字，也請寫下來。

_____

_____

_____

_____

雙魚座

敏感、靈性、矛盾、犧牲、夢幻、浪漫、無我、虛弱、模糊、包容、接納、體諒、慈悲、脆弱、怠惰、迷糊、不確定感、憧憬、自憐、著迷、縹緲

宮 位 骰

作用力的發生地點、場合、相關領域、範圍。同時隱含數字本身、星座、時間的訊息與特質。

第 1 宮

我、自己、身體、個性、自我形象、外表打扮、表面、日出。

如果有其他對您有意義的關鍵字，也請寫下來。

___
___
___
___

第 2 宮

個人資源、金錢、賺錢、資產、財物、價值、工具、物品、價值、感官、價值觀。

第 3 宮

生活環境、鄰近地區、學校、想法、學習、資訊、平台、商店、書店、媒體、報章雜誌、講台、手足、交通工具、道路、旅途。

第 4 宮

居家、室內、居家生活、房子、家庭、家族血親、祖先、根源、根基、家園、不動產、土地、避難所、內在世界、私下、午夜

第 5 宮

遊樂場、賭場、約會場所、幼兒園、舞台、劇院、表演場地、兒童樂園、體育館、會場、度假地點、藝術活動場所、娛樂場所。

第 6 宮

工作地點、生活場景、服務業場所、身心靈中心、健身房、照護場所、儀式場所、藥房、修理場、管理處。

如果有其他對您有意義的關鍵字,也請寫下來。

第 7 宮

合作單位、諮詢處、協調處、裁判所、法院、婚禮禮堂、外交場合、相親場合、日落。

如果有其他對您有意義的關鍵字,也請寫下來。

第 8 宮

再生、共同資源、共享、生死、禁忌、投資、債務、保險、借貸融資、合資、稅務、贍養費、恐懼、危機、力量、業力、情緒、性、神祕事物、潛意識、心理學、玄學、通靈、親密關係、遺產、繼承、資源回收、疾病治療、手術有關的領域、場合或場所，例如銀行、證交所、醫院、心理診所、產房、法庭、隱密場所、禁忌場所。

第 9 宮

異國、大學院校、宗教場所、出版社、學術機構、神學機構、法律機構、國外旅遊景點、國外事務場所、寺廟、教堂、聖地、未來。

如果有其他對您有意義的關鍵字，也請寫下來。

_____

_____

_____

_____

第 10 宮

公開場合、公關場合、社會舞台、政府單位、公家機關、國家機構、統治主管單位、著名地點、企業所在、權威場合。

如果有其他對您有意義的關鍵字,也請寫下來。

第 11 宮

朋友圈、團體、社團、組織、社交圈、俱樂部、黨派、團契、族群、部落、社區、同好圈、網路社群、另類少數民族、非營利團體、社工志工團體。

如果有其他對您有意義的關鍵字,也請寫下來。

_____

_____

_____

_____

第 12 宮

靈界、隱密、前世、集體潛意識、另類次元、夢境、宇宙、能量門戶時空、靈異場所、監禁場所、獨處隱居地點、醫院、子宮、羊水、精神機構、靈修場所、閉關、僻靜場所、檯面底下、匿名場合、祕密基地。

如果有其他對您有意義的關鍵字,也請寫下來。

力量不要交給別人

如何看待占卜的結果？大原則還是「自己的事，自己說了算」。

占卜的結果最終是問題的主人來決定要如何詮釋，以及做選擇。

即使宇宙大環境有其客觀的現實狀況，但我們的生命旅程還是屬於自己的，旅行的人還是我們自己，所以必須要自己面對，在其中盡可能為自己做最適當的選擇。

自己的人生還是需要自己來掌舵，自己來負責。

所以就算是有機會獲得他人允許為他人占卜，占卜者也是提供解讀與選項作為建議。最終的結果需要當事人自己決定與負責。

占卜或儀式都只是外來的工具，幫助輔助用，不應該被牽著走。

永遠別把自己的力量交給其他外在的對象或事物。

所以無論何時都要記住，我們自己才是最終賦予一切意義的人。

沒有標準答案,無關對與錯。
而是透過占卜來提供需要的線索,
好幫我們瞭解掌握情勢狀況。
甚至自己本身心裡早已經有答案了,
擲骰子則可以用來給予額外線索
或是用來印證自己。
很多時候您會發現自己,和宇宙心心相印。
這是世界上最棒的感覺之一。

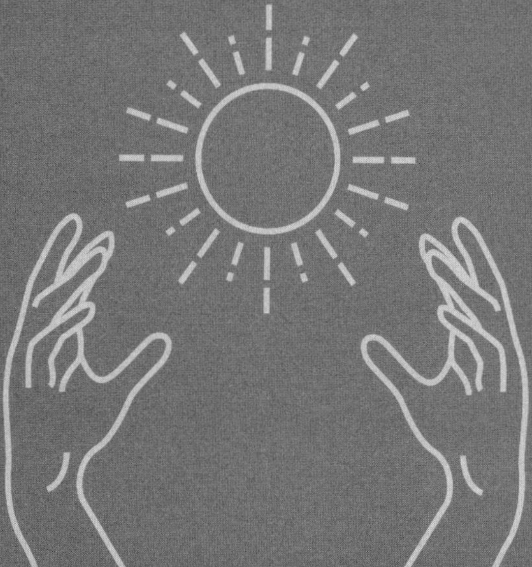

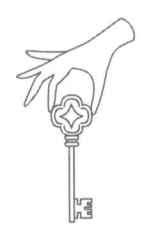

不理想的結果怎麼辦

如前文所述，我們預設是透過占卜來提供我們當下的建議或當下必須知道的重要訊息。

所以原則上，其實並沒有真正所謂的「不理想」的結果。不妨把這些訊息當作提醒，而不需要過度擔憂。

甚至反而可以帶著感謝的心，感謝宇宙透過骰子來提醒我們需要留意的部分。

然後我們可以做自己覺得該做的事，用更好的狀態去迎接面對狀況。

除此之外，我們還可以繼續問骰子：「我需要採取什麼樣的行動？」來獲得進一步的指引。

同時，在另一個層次，每個占星符號其實本來都是中性的。並非絕對一定是「好」或是「壞」，「吉」或「凶」，如何詮釋，可以完全取決於個人，因而是非常主觀的。

也就是說，凡事不一定要直接想成是最負面的結果。反而是自己的反應可以反映出內在的狀態。如果可以進入內在去覺察，問自己為何會這樣覺得，通常都可以透過轉念來化解。

我們除了可以隔一段時間，等心境轉變了以後，再回來看同樣的占卜結果，也許會有不同的洞見之外，我們也可以試著把同樣的結果，同樣一組占星符號，選擇用正面的意義來解讀。這是很棒的練習，可以在創造正面意義的過程中，改變未來。

但如果無論如何都想不開、也做不到化解的話，我最誠摯的建議就是放下這件事吧。占卜結果真的不一定等於實際會發生的事件，不如放手交給宇宙來安排。

不迷信，不執著，
自己才是自己的主人。
禍福相倚，焉知非福。

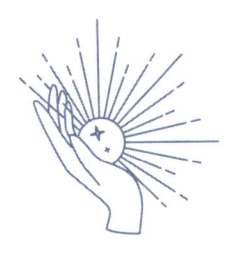

強化直覺力

有了一些實際用占星骰子占卜解讀的經驗後，或許您現在已經明白，直覺或所謂的靈感很關鍵。

我們每個人都有直覺的能力，差別只是在於強或弱。當直覺在運作的時候，我們整個人會很放鬆，同時又很清晰。

也就是說，直覺力越強，代表我們越不是在用頭腦思考或邏輯推理的狀態，但是卻能知道該知道或想知道的事，也會特別有創意。

這就是連結到更高層次的狀態，也是占卜時最需要進入的狀態。在這種狀態下，擲骰子與解讀起來都會特別靈驗，所以直覺的參與不僅有必要，而且參與得越多越好。這必須自己體驗過才會明白。

另一方面，直覺是可以鍛鍊的。那麼我們平時如何能強化直覺力呢？

祕訣在於，正如前面提過的，直覺力通常是在我們內心的感覺最平靜、最放鬆的時候，最清晰。

就像當水面靜止的時候，光線也比較容易直射穿透到底，我們就更能看清楚水面底下的樣子一樣。

當我們平靜、放鬆時，注意力也比較容易專注於當下。我們會很容易覺察自己內心的狀態，以及事物的真實樣貌。這種狀態就占卜而言，是最有利的。

所以在占卜前，如果自己的狀態很混亂、腦子裡已經塞滿了各種想法，身心靜不下來，那不如先找個不會被打擾的場合，讓自己靜下心來再說。

靜心不只是有利於占卜而已，靜心也是一種療癒與自我提

升靈性的手段，經常鍛鍊，功力會增加，成效也就越來越明顯，工作效率、睡眠品質與健康也會改善，人生也會變得越來越清晰。好處非常多。

坊間有各種幫助我們靜心的方法，都不妨試試看，找到最適合自己的作法。而如果有能力時常保持在這樣的狀態，那是再好也不過了。假以時日，人生與生命的品質都會開始提升到新的境界。

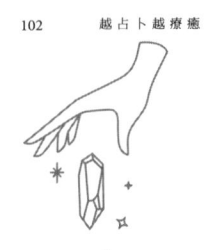

什麼是「準」？

占卜時我們最終在意的是什麼？我們以為自己最在意的是事情最後的結局，或是占卜出現的結果如何，但是實際上，我們在占卜進行的當下，最在乎的其實是，占卜準不準。

那麼到底什麼是「很準」呢？

其實仔細想來，人們覺得占卜「準」，除了占卜結果與實際狀況吻合，可以客觀地得證之外，很多時候所謂的「準」，當下並沒有直接的證據可以驗證，明顯的例子就是當我們在占卜詢問關於尚未發生的未來的事情，或是該做什麼選擇的時候。

說真的，未來或選擇的結果都還沒有發生，無從考證，如何會知道準不準呢？

這時候的準，代表與我們心靈更深處的共鳴。

所以有種情況是，我們自己內在原本就已經隱約有解答了，這時候占卜的結果反而是在提供某種安心感。因為占卜讓內心的感受得到了印證。

意思也就是說，當我們內在真正的渴望，被占卜解讀所揭露出來的時候，我們會覺得，好準。

因為占卜的結果與我們的內在或靈魂的真實「校準」了。

當這種「校準」發生時，如果我們的想法、我們的顯意識也能接受的話，就通常代表這個狀況會顯化成真，因為我們和宇宙都支持。

宇宙就是這樣在運作、在實現我們的願望的。

反之如果占卜揭露的內在真實，與我們原本以為的想法不

同的時候，我們會有驚訝的反應，甚至產生排斥，而覺得「不準」。很多時候即使表面上看起來的結果非常好，我們也會感覺到違和感或排斥感。

可是其實我們所感覺「不準」，只是揭露了我們自己所不知道的內在真實，不代表事情就不會如占卜所顯示一樣發生。

換句話說，占卜會把我們內在所不知道的面向揭露出來。這個時候，就更加不是準不準的問題，而是我們內心真實的狀態、真正的期望是什麼。

說起來，所謂「準」或「不準」，真正的意涵不是我們原本以為的那樣。那麼「準」又如何？「不準」又如何？最終重點還是在於，我們要懂得看清楚隱藏的真相，然後幫自己做最好的選擇，採取最適合的行動。

如果可以就去改變，不可以改變就學習接受。都是自己的事。

自 己 是 管 道

雖然擲骰子看起來很簡單、稀鬆平常,占卜一事對我而言,始終是很神聖的。因為真正在做的事,就是連結更高層次的神聖能量。神聖不是要去畏懼,而是要給予誠心的尊重。

因此在用骰子做占卜的時候,在地球物質世界裡的我們,就成了連結神聖的、靈性層次的媒介與管道。

自古以來,真正在從事這種專業的人,就是我們所知道的巫、薩滿或是靈媒。

或許我們還只是抱著好奇學習的心、才剛開始接觸的新手,然而我們依然是在試圖作為一個好的管道。而這當我們整體由內而外的能量狀態越清晰穩定,自身原本的溝通能力越強,管道就會越暢通,連線交流與溝通訊息的品質自然會越來越好,直覺會越靈敏,更能接受與解讀能量到更深更精

細的層次。所以占卜解讀起來會更容易，更準確，效果更好，更容易有出其不意的驚喜。

事實上，所有靈性工作都是同樣原理。

管道也像是橋樑，兩頭分別連結著已知與未知。因此管道本身，即施作占卜的占卜者，也就是我們自己的品質與狀態，在占卜的過程中，扮演了很重要的角色。若考慮到占卜對未來造成關鍵決定性影響的可能性，那麼我們就會明白，占卜無論大小規模，都最好盡量讓自己維持可能的最佳狀態，就像我們要懂得為自己負責的人生一樣。

所以占卜對我而言是神聖的。不是要帶來不必要的壓力，只是要能隨時覺察意識到自己與事物背後的意圖，因為意圖終究會決定結果。

追根究柢，我們就是宇宙能量顯化的管道。我們每個人都是。

幫助占星骰子占卜的小工具

除了占星骰子本身之外,還可以額外準備一些小工具來幫忙我們。

- 軟墊。可以避免擲骰子的力道過度,損壞自己珍貴的骰子。也可以減少聲音。可以選擇有點厚度的材質。但是軟墊不宜過厚過軟,以免擲出骰子後不易判斷骰子平面呈現的結果。

- 筆記本。記錄占卜結果,以及重要的靈感。可以用手機拍照記錄來代替。不只是可以記住占卜結果與直覺靈感的運作軌跡,若有集中記錄的話,隔一段時間回顧,可以發覺自己的占卜學習與靈感發展成長過程。可以用手機拍照記錄來代替。

- 解讀參考工具。本書,或是其他可以透過占星學的知識來獲得靈感的資料。或是星圖。

搭配星圖一起工作

如果有一定的占星學基礎,我們還可以自行選擇參考當天當時的月相、行運圖、龍圖,或是最近身邊發生的相關資訊,一起加入占卜結果來解讀,可以看出呼應的部分,以及發掘額外補充的解釋。

如果您有靈感想這樣做的話,就可以像這樣靈活應用。無論選擇取用什麼參考工具,越是高度呼應,指向的結果就越強烈。

這是所謂的共時性(Synchronicity)的展現。所謂的「共時性」就是宇宙在明示肯定、正面的意思,也是在提醒我們留意當下的訊息能量。

不過反過來說,也不需要把解讀變得太複雜。直接、簡單而清晰的訊息,很多時候力量更強大,直擊內心。

共時性的更多應用

共時性的定義,就是表面上看似沒有邏輯或因果關係的隨機事件同時發生,代表背後一定有看不見的關聯。這個名詞是精神分析始祖榮格所提出的名詞,但是自古以來所有的薩滿、巫、神祕學家,都知道宇宙沒有真正的「偶然」、「隨機」這回事,而因應這個道理來運作。宇宙沒有意外,我們擲骰子的占卜也不例外。

因此偶然隨機看到的骰子符號,也可以當作是占卜結果來解讀。擲骰子占卜過程中出現的意外偶發事件,或突然留意到的現象徵兆,都可以憑藉自己當下的直覺感應,來決定要不要列入占卜與解讀的參考。

所以在占卜的過程中,不妨也留心同時發生了些什麼事。因為就如同任何預兆般,都可能代表了宇宙已經直接把訊息送上門。

占卜的問題範例

以下列出一些問題範例，可以利用占星骰子來練習占卜與解讀技巧，同時帶來有用的訊息。尤其是感到迷惘的時候，請多多善用，並且舉一反三。

您可以自行決定要使用幾顆骰子。單顆骰子最直接，三顆骰子訊息比較完整。

提供這些問題的用意，都是讓讀者用來慢慢探索，而不是在追求憑藉一次占卜來下定論，所以同一個問題可以詢問不只一次。在有需要的時候、狀況改變的時候，就可以再次占卜同樣的問題，得到當下最需要的回應與訊息。

此外，若原本就有解釋星圖的能力的話，也非常建議搭配參照自己的星圖來解讀。願大家占卜愉快。

萬用問題

- 什麼是此刻我最需要知道的事?
- 狀況背後的意圖 / 目的是什麼?
- 請問真正的阻礙是什麼?
- 請問問題的核心是什麼?
- 請告訴我最需要採取的行動
- 請告訴我最快的捷徑
- 請告訴我最高的可能性 / 目標
- 做這個決定會有什麼結果?
- 我的靈魂想要顯化什麼?
- 我要把能量聚焦 / 放在哪裡?

星象類

- 這次水星逆行我要學習什麼?
- 這個星象 / 相位有沒有要特別給我的更深訊息?
- 這個星象之後我可以得到什麼力量?
- 這個新月許願有什麼建議?

工 作 類

- 本週我在工作上的能量狀況任何？
- 這次的談判/面試/考核大概會如何？
- 今天與新的客戶見面要注意什麼？
- 今天有沒有機會完成某個工作/解決某個問題？
- 我要如何做才能達到上司主管的要求？
- 我要往哪個方向努力？
- 當前這個狀況中有什麼機會？
- 我需要再學習進修什麼？

伴侶關係類

- 適合我的伴侶關係有什麼特質？
- 跟伴侶真正需要溝通什麼？
- 伴侶現在需要什麼樣的支持？
- 關於戀愛運有什麼建議？
- 要如何改善人際關係？
- 我和某人的關係真正的主題是什麼？
- 關係要如何維持？
- 如何做可以讓關係有進一步發展？
- 關於下一個新戀情的指引？

居家生活類

◆ 請問與親子 / 手足 / 父母關係 / 家人相處上的建議？
◆ 要如何改善家中環境的能量？
◆ 請問關於家族 / 祖先的能量有什麼我需要知道的訊息？
◆ 我需要為家裡做什麼？

理 財 類

- 請問財富管理上的建議。
- 最適合我的賺錢方式是什麼?
- 臨時有筆開支,請問錢從哪裡來?
- 如果選擇與這家銀行來往,會如何?
- 我要選擇這家銀行來往嗎?
- 請問獎金要如何處理?

娛 樂 類

- 現現在做什麼事情最舒壓？
- 要去哪裡旅行度假？
- 可以去培養學習什麼新的興趣嗜好？
- 這次的旅行有什麼需要留意的訊息？

健康類

- 請問解決疼痛／不舒服的建議。
- 請問增進健康的保健指引？
- 請問改善健康的指引？
- 請問／不舒服的可能心靈原因？
- 我要如何改掉不要的習慣？

※ 請注意：此處的占卜結果並非意圖取代正式的醫療診斷。身體不適仍需尋求專業協助。

心靈成長類

- 我現在最優先要面對的課題是什麼？
- 我自己內心真實的想法是什麼？
- 我最想追求實現的是什麼樣的人生？
- 我最大的優勢是什麼？
- 此刻最值得感恩的事是什麼？
- 此刻有什麼部分最需要平衡或療癒？
- 我需要做什麼推動自己成長
- 我的內在小孩在想什麼？
- 需要療癒轉化什麼課題？
- 我要如何整合平衡自己？
- 未來的自己要給我什麼訊息？
- 我想追求的幸福滿足感是什麼？
- 我最重要的前世課題是什麼？
- 我的靈魂使命是什麼？
- 我今年的靈性成長主題是什麼？

占星骰子還可以這樣用

當您已對如何占卜與解讀有了些經驗之後,就可以來試試進階的用法。

只使用一顆骰子。

只擲一個骰子獲得一個符號,就是占卜的結果了。但或許比較不易解讀。

搭配其他形式的占卜工具

例如搭配塔羅牌、神諭卡、卜卦或感應占卜等等。彼此互相對照,幫助解讀,讓解讀出來的內容更豐富完整。
很多時候加上占星骰子占卜的結果,會得到畫龍點睛的效果。

也可以利用擲骰子來獲得創作的靈感或指引。

例如運用在寫作、設計等方面。

當然也可以用來幫忙解夢。

以自己解夢的結果為主,再用骰子占卜來補充需要的訊息。

使用兩副以上的骰子

等比較熟練時,還可以同時使用兩組的占星骰子。例如同時一次擲出兩組骰子來回答同一個問題。然後觀察與比較兩組骰子結果,以及感應兩組骰子之間的微妙連結。

這樣做其實不會太困難,因為占星師實際上在解讀星圖裡眾多的占星符號組合變化的時候就是這樣。

您也許想使用兩組不同材質的骰子,比較容易區分。不過,其實您可以不去區分,將六個骰子的符號一起解讀,說不定會有奇妙的占卜結果。不妨試試看。

與骰子心靈對話

同理,或者您也可以透過占星骰子,直接跟自己內心來一段心靈對話,探索自己的內在。

例如問問自己現在怎麼了?想要做什麼?為什麼會這樣覺得?

連續一路問到自己心滿意足為止。

每天這樣做其實很療癒。或許還因此打開新的生命禮物。

空白占卜

或者可以不用事先發問,直接靜下心來擲骰子做占卜與解讀,也是非常有趣的。

事實上,這是很進階的占卜法。

當你和你的骰子,以及宇宙之間非常心有靈犀的時候,可以根本不用發問,準備好了就直接擲出骰子,然後直接得到答案。

像這樣透過骰子/占卜工具和宇宙心心相印,是非常美妙的滋味。有機會不妨試試。

所有的訊息都存在在當下。
只要我們仔細靜下心來聆聽感受,
就能得到需要的訊息,
就會明白。

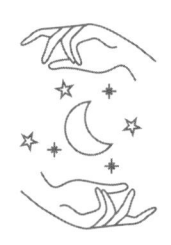

占星骰子的選擇

目前市售實體的占星骰子依照材質，大致上可以分為樹脂製以及水晶製兩大類。

水晶製的占星骰子則是價格較高，重量較沈，部分材質硬度較低不耐摔，大力碰撞容易碎裂，耗損率較高，需要小心保存與使用。另外，因為晶礦對能量比較敏感，也比較需要淨化，甚至需要根據不同的晶礦的材質來選擇適合的淨化保存方式。但好處是，骰子本身會擁有晶礦材質自己的基本能量特性與功能。常見的例如白水晶可以吸收負能量、提升直覺力，粉晶可以舒緩情緒、減輕焦慮、滋養心輪等等。本身都會有一定程度的療癒力，也能幫助打開直覺，對於占卜是很有幫助的。此外，也因為本來每一顆晶礦就有自己的能量，所以其實每一副晶礦骰子的能量都是獨一無二的。

樹脂製的占星骰子好處是價格較低，重量較輕，耐摔耐用。

本身沒有晶礦的能量特質與功能，但是完全不影響占卜用途本身。

請務必選擇自己喜歡的骰子來占卜，用起來會更加得心應手。也別忘了要好好收藏保管。

骰子的保養

好好保存自己的占卜工具很重要。除了把骰子保存收納好之外，我們也會需要替骰子做淨化，特別是晶礦等天然材質的骰子，因為它們對於能量更加敏感，做淨化可以讓我們的占卜工具維持好的能量，不只是使用起來可以更得心應手，也像是在給予他們好的能量滋養與照顧。

那麼究竟什麼時候會需要淨化呢？舉例來說：

◆ 當您覺得占卜出來的結果明顯不太準確。
◆ 當您屢次都讀不懂骰子的意思。
◆ 當您覺得骰子有受到其他不喜歡的能量影響，例如不慎弄髒了。
◆ 當骰子一直連續使用非常多次，都出現同樣或很類似的結果。

以上情況只是建議。淨化的目的一來是消除水晶上附著的外來能量，二來是替疲乏的水晶恢復能量。

說真的，其實任何時候，只要當您覺得有需要，就可以幫骰子做淨化了。您甚至可以每占卜一次後都做淨化，來區隔能量。不過也不必太過鑽牛角尖。

淨化方法很多，在此只是提供一些範例。可以發揮自己的創意。同樣建議大家根據基本常識來多多實驗，去發掘最適合自己的好方法。

骰子的淨化小儀式

以下淨化方法是針對晶礦製的骰子而言。做淨化時,所需時間長短不一,感覺好了即可。可能會發現骰子變亮了,或是感覺變輕了。有時拿在手上感覺會變得更細緻。

A. 白光淨化法

1. 雙手握著骰子。
2. 想像宇宙本源的白光環繞包圍著骰子,讓骰子變得閃閃發光。

B. 聖煙淨化

1. 靜下心來。
2. 點燃聖煙(可用任何聖香,例如鼠尾草、秘魯聖木,或任何除障香)。
3. 雙手握著骰子,讓聖煙通過骰子,感覺骰子在被淨化。

C. 曬日光 / 月光

將骰子放在日光/滿月的月光下三十分鐘即可。請注意：有些水晶不適合曬太陽，例如紫水晶或粉晶。

D. 聖水淨化

將材質耐水的骰子放入大自然的水中，例如海水、溪流、泉水中五到十分鐘即可。

E. 利用其他水晶來淨化

直接把晶礦骰子放在其他碎水晶或水晶洞裡,就可以淨化能量。可以放置數小時或隔夜。這個方法本身不受時間氣候場地的限制,很方便。只不過,除了水晶洞之外,淨化用的水晶本身也需要淨化。

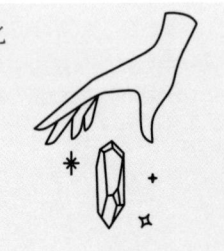

F. 海鹽法

使用品質良好的天然海鹽淨化。取適當份量的天然海鹽放在碗中,再將骰子埋進當中。可以放置數小時或隔夜,再取出清洗乾淨。

以上只是列舉基本常見的方法。關於水晶淨化的更多知識,請自行參考水晶的專業參考書。

您會發現,做這些小儀式的同時,也在強化您與骰子之間的連結。因此也非常建議,可以在拿到新骰子、第一次正式使用前,用這些淨化小儀式來建立新的能量連結。

越占卜，越療癒

相信讀到這裡，透過許多次演練，您已經可以感受到占星骰子占卜帶來的許多好處了。

包括可以解決問題，可以幫忙做決定，可以支持自己的人生，幫助自己過好每一天。

說來說去，占卜就是可以幫忙安定心神，同時大幅減少內耗或浪費能量的情形。

因為我們已經釐清明白了自己的心。

占卜與占星一樣，都是很好的覺知鍛鍊。使用占星骰子尤其有非常獨特的優勢，透過占卜，在與自己的內在，以及神聖層次連結的過程中，我們可以清楚意識到，宇宙以及看不見的層次的高靈神明給予我們的無限支持。

這些支持與連結,都是充滿愛一種的神聖關係。可以讓我們覺得不再孤單,不再無助。我們的人生一定會因此變得越來越好。

所以其實占卜非常療癒。

後記

占卜本身就是一種魔法

我與占星骰子的緣分,可說是無心插柳的結果。因為一直以來我習慣透過自己的直覺靈感來運作,頂多透過星圖來得到內心的指引或驗證,雖然也會偶爾抽牌,但並不是真的感覺很需要透過工具來占卜。

後來前幾年因為學習薩滿,因為占卜是薩滿的必修,而受過非常專業的薩滿占卜訓練,才明白占卜是大靈/宇宙與我們巫/薩滿溝通的重要方式。

薩滿作為人與天地萬物之間的溝通管道,占卜是很重要的溝通方式之一,因為可以透過占卜來請示神靈、明白神靈的旨意,明白需要做什麼才是最好的。也就是說,在我們所謂的原始文明當中,人類就是靠著這些老祖宗的智慧得以好好活下來的。

在實踐占卜的過程中，我發現，除了依靠自己的直覺之外，正確的占卜觀念與方法，可以帶來很不一樣的經驗。因為等於是自己的直覺力有了非常有力的神靈們的背書，會給予我更大的鼓舞，而我也可以放心把問題交付給神靈或宇宙。有宇宙作為我們的盟友沒有什麼不好的，不只是可以得到更棒的建議，自己在心態上也可以更放鬆。因此不只覺得很神奇，還覺得非常療癒。

占星骰子真的很奇妙。至少帶給我的驚奇超乎我當初的想像。近一年來認真用，也不斷帶給我嶄新的感受。說起來可能很玄，我覺得彷彿大靈更容易跟我溝通了，意思也等於更加容易感受到宇宙的頻率、宇宙的愛，的確對個人的靈性品質有很大的幫助。

細究原因，我覺得是因為天然的水晶本身，以及行星、星座、數字這些神秘學符號，它們所代表的宇宙天地能量特別純粹，幾乎沒有被人為的圖像或各種心智頭腦的發明介入，也沒有受到意識的影響、干擾吧。

或者更進一步來說，占星學講究與應用的是超越地球法則的宇宙的法則——占星的源頭本來就是純粹的宇宙能量。跟宇宙打交道一輩子，我覺得這三顆骰子就是手心裡的宇宙。只要意識夠本事，就可以跳脫物質次元框架。所以難怪占星骰子用起來感覺才會這麼自由開放。而這種靈魂的自由開放的感覺，就是直覺真正在運作時該有的狀態。這本寫關於占星骰子的小書之所以會取名叫做《越占卜越療癒》，也正是因為這個原因。

提起這些緣由，是為了在最後想提醒大家，無論是占卜還是任何靈性工作，最重要的目的，就是為了讓我們感受到自己內在以及宇宙以及身邊的愛。

這是最終我希望讀者可以明白與時時記住的事。

最後希望大家都能從這本書以及占卜中不斷得到生命的啟發。

占卜就等於是去「知道」,
是在請求宇宙提供訊息,
而不是在決定命運。

占星骰子占卜紀錄表　　　　　　占卜範例

___ 年

___ 月

___ 日

___ 時

___ 分

問題：

今天整體能量如何？

解讀：

可能忙於在社交圈中拓展人脈、出門見朋友、傳播訊息、學習、交換資訊。

附註：

今天行運太陽合水星處女座、今天月亮在處女座。今天原本規劃要寫作、寫文案。

占星骰子占卜紀錄表

年　問題：

月

日

時

分　解讀：

附註：

占星骰子占卜紀錄表

____ 年　問題：

____ 月

____ 日 _____

____ 時 _____

____ 分　解讀：

_____

_____

_____

附註：

_____

_____

_____

占星骰子占卜紀錄表

年　問題：

月

日

時

分

解讀：

附註：

占星骰子占卜紀錄表

___ 年　問題：

___ 月

___ 日　_____

___ 時

___ 分　解讀：

占星骰子占卜紀錄表

年　　問題：

月

日

時

分

解讀：

附註：

占星骰子占卜紀錄表

___ 年　問題：

___ 月

___ 日　_____

___ 時　_____

___ 分　解讀：

_____

_____

_____

附註：

_____

_____

_____

_____

占星骰子占卜紀錄表

___年

___月

___日

___時

___分

問題：
_____
_____
_____

解讀：
_____
_____
_____

附註：
_____
_____
_____
_____
_____

無論如何,

只有恐懼才會帶來收縮限制的感覺。

而我們要追求的不是恐懼,

而是平靜與愛。

包括占卜當然也是如此。

說到底,任何占卜也好、占星也好,都是在透過符號或徵兆等宇宙或大自然的語言及能量,來得到來自更高層次的指引。

等於是宇宙大靈,在透過我們使用的占卜工具來對我們說話。

占卜其實是很神聖的,

因為我們必須連結到更超越的靈性層次,

才能得到更高層次的指引。

更高層次就是更神聖的境界。

國家圖書館出版品預行編目 (CIP) 資料

越占卜越療癒 / 羅美華著 . -- 初版 . -- 臺北市 : 南瓜國際有限公司 , 2024.11
面；　公分 . -- (Healing ; 1)
ISBN 978-626-98558-3-4(平裝)

1.CST: 占星術

292.22　　　113015646

Healing 01

越占卜越療癒
HEALING DIVINATION

作　　　者	羅美華
特 約 主 編	繆沛倫
美 術 設 計	Ayen Chen

創 辦 人	朱全斌
董 事 長	施俊宇
營 運 長	李長軒
編 輯 出 版	南瓜國際有限公司
地　　　址	104092 台北市中山區吉林路 69 號 2 樓
客 服 電 話	02-2751-0082
傳　　　真	02-2751-0083
總 經 銷	紅螞蟻圖書有限公司
地　　　址	114 台北市內湖區舊宗路二段 121 巷 19 號
電　　　話	02-2795-3656
傳　　　真	02-2795-4100
網　　　址	www.redant.com
I S B N	978-626-98558-3-4
初版一刷	2024 年 11 月
定　　　價	350 元

版權所有 ‧ 翻印必究 Printed in Taiwan
（如有缺頁或破損，請寄回更換）

南瓜國際「韓良露生命占星學院」
https://www.pumpkin.tw/

臉書粉絲團「韓良露生命占星學院」
https://www.facebook.com/LuluAstrology